AF216497

Impressum
Verlag: BABADADA GmbH, Nedderfeld 112 , 22529 Hamburg
Geschäftsführer / Verlagsleitung: Harald Hof
Druck: Books on Demand GmbH, In de Tarpen 42, 22848 Norderstedt

Imprint
Publisher: BABADADA GmbH, Nedderfeld 112 , 22529 Hamburg, Germany
Managing Director / Publishing direction: Harald Hof
Print: Books on Demand GmbH, In de Tarpen 42, 22848 Norderstedt, Germany

kool

Šola

klassiruum
Razred

jagama
Deljenje

186/2

tahvel
Tabla

koolihoov
Šolsko dvorišče

õpetaja
Učitelj

paber
Papir

kirjutama
Pisati

pastapliiats
Pisalo

kirjutuslaud
Pisalna miza

joonlaud
Ravnilo

raamat
Knjiga

õpilane
Učenec

koolikott
....
Šolska torba

pinal
....
Peresnica

harilik pliiats
....
Svinčnik

pliiatsiteritaja
....
Šilček

kustukumm
....
Radirka

joonistusplokk
....
Risalni blok

joonistus
Risba

pintsel
Čopič

värvikarp
Vodene barvice

käärid
Škarje

liim
Lepilo

töövihik
Zvezek

kodutöö
Domača naloga

12

number
Število

2+2

liitma
Seštevanje

5-2

lahutama
Odštevanje

2×2

korrutama
Množenje

arvutama
Računanje

A

täht
Črka

ABCDEFG HIJKLMN OPQRSTU VWXYZ

tähestik
Abeceda

hello

sõna
Beseda

tekst

Besedilo

lugema

Brati

kriit

Kreda

koolitund

Učna ura

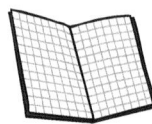

klassipäevik

Redovalnica

eksam

Preizkus znanja

tunnistus

Spričevalo

koolivorm

Šolska uniforma

haridus

Izobrazba

entsüklopeedia

Enciklopedija

ülikool

Univerza

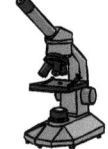

mikroskoop

Mikroskop

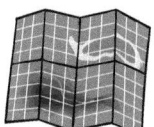

kaart

Zemljevid

paberikorv

Koš za smeti

reisimine
Potovanje

hotell
Hotel
Grand
hostel
Hostel
ROOMS
valuutavahetuspunkt
Menjalnica
EXCHANGE
kohver
Kovček
auto
Avtomobil

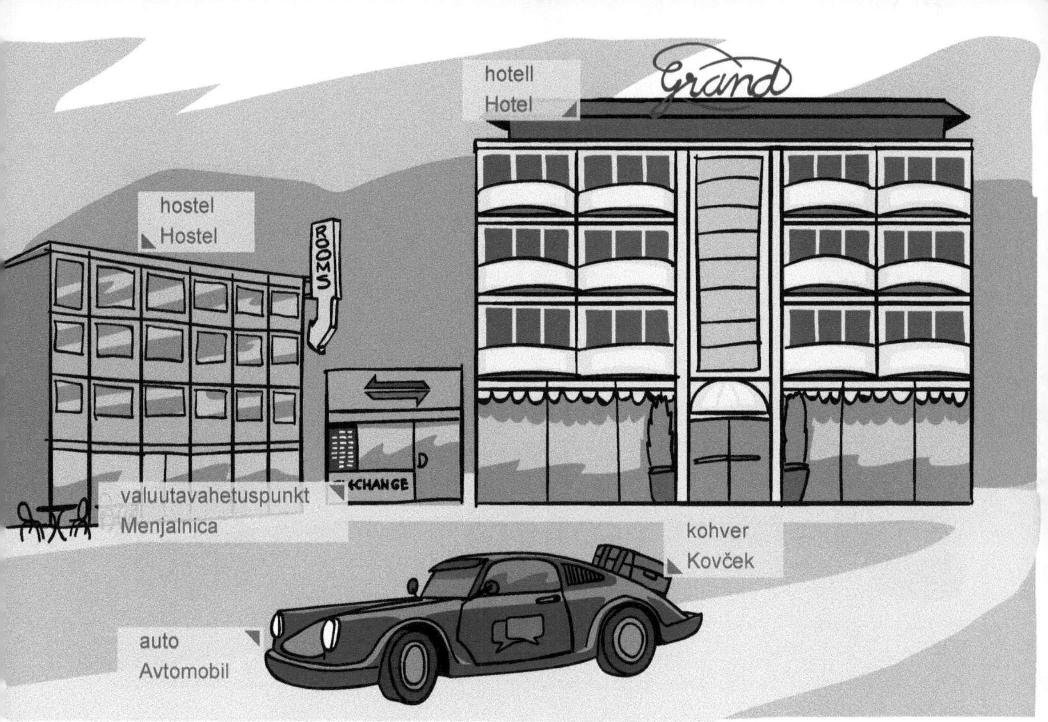

keel
Jezik

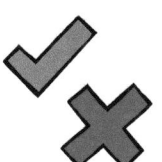

jah / ei
da / ne

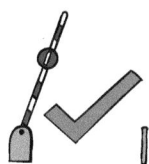

okei
Prav

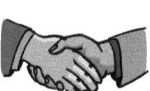

Tere!
Pozdravljeni

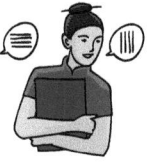

tõlk
Prevajalec

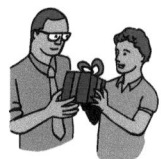

Aitäh!
Hvala

Kui palju maksab ...?

Koliko stane...?

Ma ei saa aru

Ne razumem

probleem

Težava

Tere õhtust!

Dober večer!

Tere hommikust!

Dobro jutro!

Head ööd!

Lahko noč!

Head aega!

Nasvidenje

suund

Smer

pagas

Prtljaga

kott

Torba

seljakott

Nahrbtnik

külaline

Gost

tuba

Soba

magamiskott

Spalna vreča

telk

Šotor

turismiinfo	rand	krediitkaart
Turistične informacije	Plaža	Kreditna kartica

hommikusöök	lõunasöök	õhtusöök
Zajtrk	Kosilo	Večerja

pilet	lift	postmark
Vozovnica	Dvigalo	Znamka

riigipiir	toll	saatkond
Meja	Carina	Veleposlaništvo

viisa	pass	
Vizum	Potni list	

transport
Prevoz

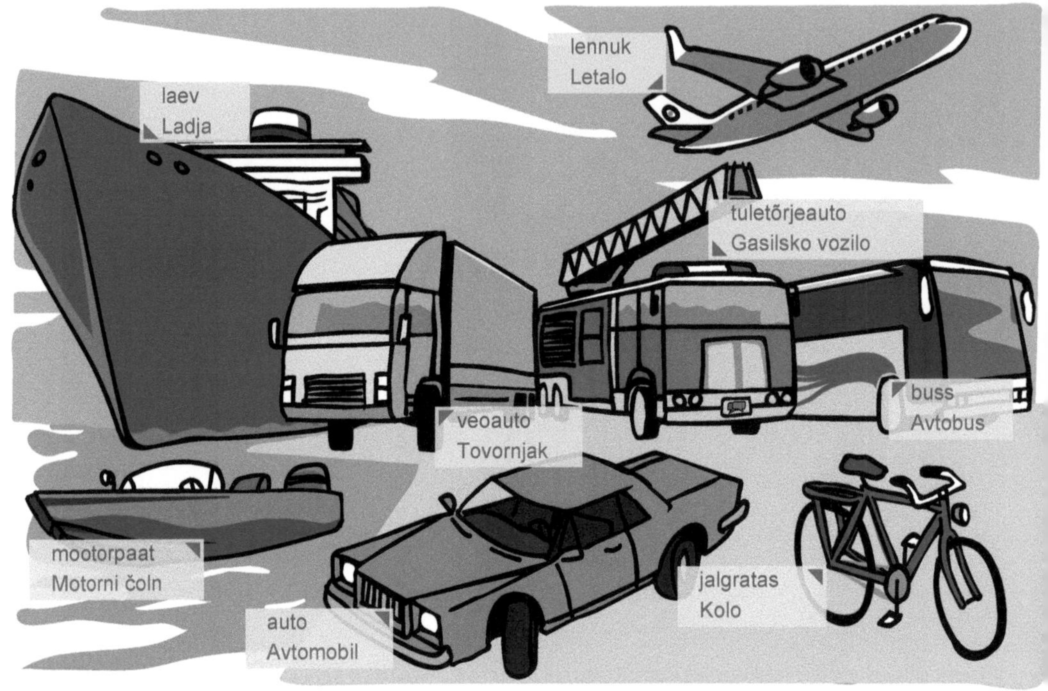
lennuk
Letalo
laev
Ladja
tuletõrjeauto
Gasilsko vozilo
veoauto
Tovornjak
buss
Avtobus
mootorpaat
Motorni čoln
jalgratas
Kolo
auto
Avtomobil

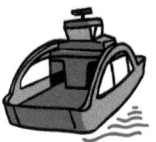

praam

Trajekt

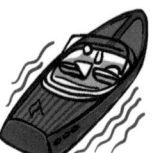

paat

Čoln

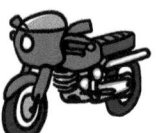

mootorratas

Motorno kolo

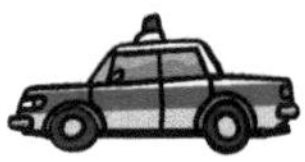

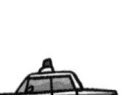

politseiauto

Policijski avto

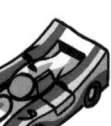

võidusõiduauto

Dirkalni avto

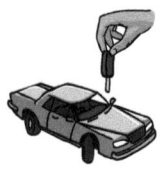

rendiauto

Najeto vozilo

ühisauto

Souporaba avtomobila

puksiirauto

Avtovleka

prügiauto

Smetarsko vozilo

mootor

Motor

kütus

Gorivo

tankla

Bencinska postaja

liiklusmärk

Prometni znak

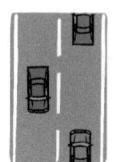

liiklus

Promet

liiklusummik

Zastoj

parkla

Parkirišče

raudteejaam

Železniška postaja

rööpad

Tirnice

rong

Vlak

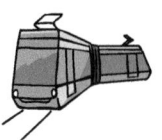

tramm

Tramvaj

vagun

Vagon

helikopter

Helikopter

lennujaam

Letališče

torn

Stolp

reisija

Potnik

konteiner

Kontejner

pappkast

Karton

käru

Voziček

korv

Košara

õhku tõusma / maanduma

vzleteti / pristati

linn

Mesto

küla

Vas

kesklinn

Mestno jedro

maja

Hiša

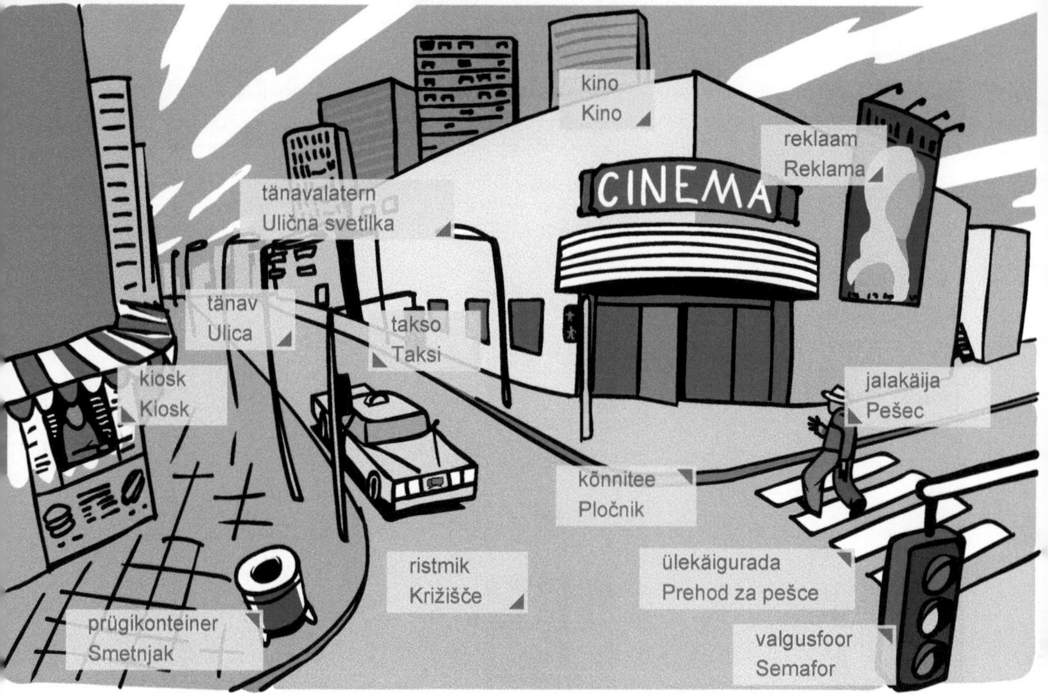

kino
Kino
CINEMA
reklaam
Reklama
tänavalatern
Ulična svetilka
tänav
Ulica
takso
Taksi
kiosk
Kiosk
jalakäija
Pešec
kõnnitee
Pločnik
ristmik
Križišče
ülekäigurada
Prehod za pešce
prügikonteiner
Smetnjak
valgusfoor
Semafor

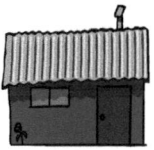

osmik

Koča

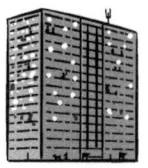

kortermaja

Stanovanje

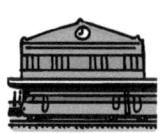

raudteejaam

Železniška postaja

raekoda

Mestna hiša

MUSEUM

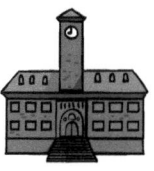

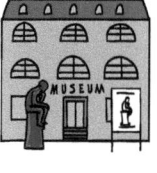

muuseum

Muzej

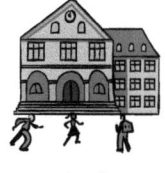

kool

Šola

ülikool

Univerza

pank

Banka

haigla

Bolnišnica

hotell

Hotel

apteek

Lekarna

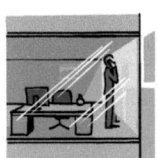

kontor

Pisarna

raamatupood

Knjigarna

kauplus

Trgovina

lillepood

Cvetličarna

supermarket

Supermarket

turg

Tržnica

kaubamaja

Veleblagovnica

kalapood

Ribarnica

kaubanduskeskus

Nakupovalno središče

sadam

Pristanišče

park
Park

pink
Klop

sild
Most

trepp
Stopnice

metroo
Podzemna železnica

tunnel
Predor

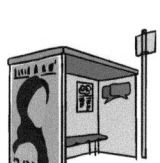

bussipeatus
Avtobusno postajališče

baar
Bar

restoran
Restavracija

postkast
Poštni nabiralnik

tänavasilt
Ulična tabla

parkimisautomaat
Parkirna ura

loomaaed
Živalski vrt

ujula
Kopališče

mošee
Mošeja

talu
Kmetija

reostus
Onesnaževanje

surnuaed
Pokopališče

kirik
Cerkev

mänguväljak
Otroško igrišče

tempel
Tempelj

maastik
Pokrajina

leht
List

teeviit
Kažipot

tee
Pot

aas
Travnik

kivi
Kamen

puu
Drevo

matkaja
Pohodnik

jõgi
Reka

rohi
Trava

lill
Cvetlica

org
Dolina

mägi
Hrib

järv
Jezero

mets
Gozd

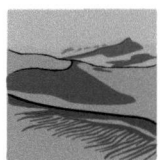

kõrb
Puščava

vulkaan
Vulkan

linnus
Grad

vikerkaar
Mavrica

seen
Goba

palm
Palma

sääsk
Komar

kärbes
Muha

sipelgas
Mravlja

mesilane
Čebela

ämblik
Pajek

mardikas

Hrošč

konn

Žaba

orav

Veverica

siil

Jež

jänes

Zajec

öökull

Sova

lind

Ptič

luik

Labod

metssiga

Divji prašič

hirv

Jelen

põder

Los

pais

Jez

tuuleturbiin

Vetrnica

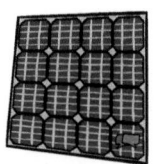

päikesepaneel

Solarna plošča

kliima

Podnebje

restoran
Restavracija

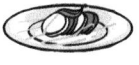

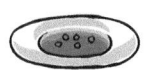

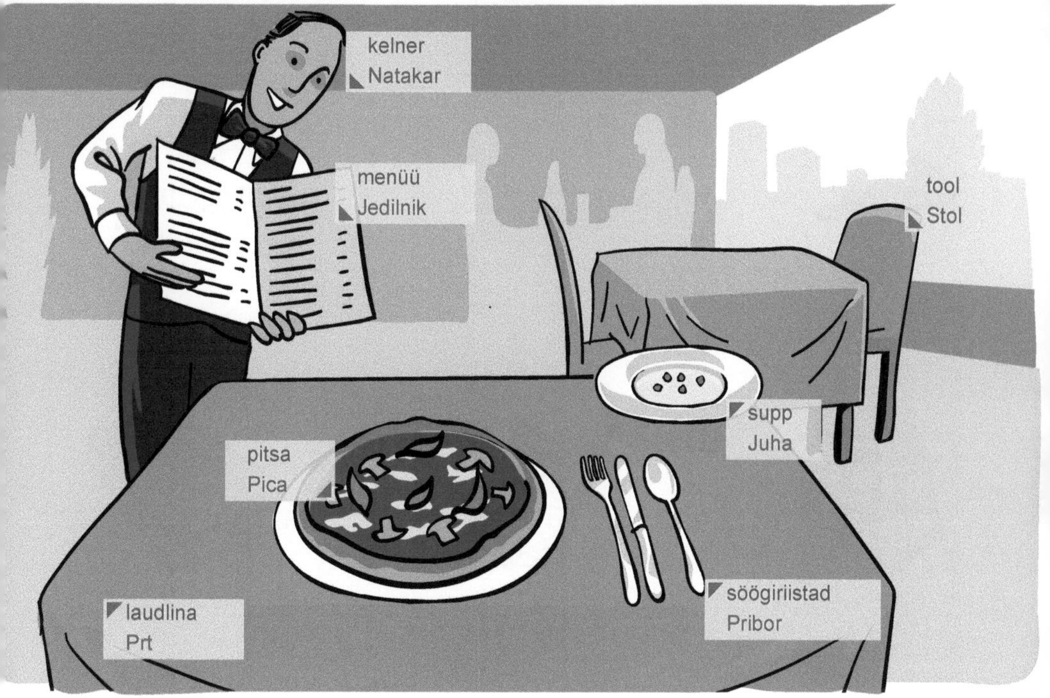

kelner
Natakar
menüü
Jedilnik
tool
Stol
supp
Juha
pitsa
Pica
laudlina
Prt
söögiriistad
Pribor

eelroog
Predjed

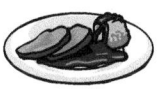

pearoog
Glavna jed

magustoit
Sladica

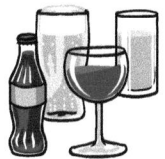

joogid
Pijače

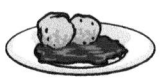

toit
Hrana

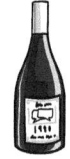

pudel
Steklenica

kiirtoit

Hitra hrana

tänavatoit

Ulična hrana

teekann

Čajnik

suhkrutoos

Sladkornica

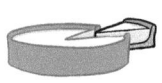

portsjon

Porcija

espressomasin

Aparat za espresso

lastetool

Stolček za hranjenje

arve

Račun

kandik

Pladenj

nuga

Nož

kahvel

Vilica

lusikas

Žlica

teelusikas

Čajna žlička

salvrätik

Servieta

klaas

Kozarec

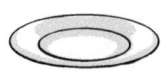

taldrik
Krožnik

supitaldrik
Globoki krožnik

alustass
Krožniček

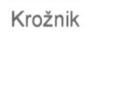

kaste
Omaka

soolatoos
Solnica

pipraveski
Mlinček za poper

äädikas
Kis

õli
Olje

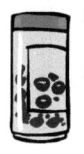

vürtsid
Začimbe

ketšup
Kečap

sinep
Gorčica

majonees
Majoneza

supermarket
Supermarket

eripakkumine
Posebna ponudba
FOR
klient
Stranka
piimatooted
Mlečni izdelki
puuviljad
Sadje
ostukäru
Nakupovalni voziček

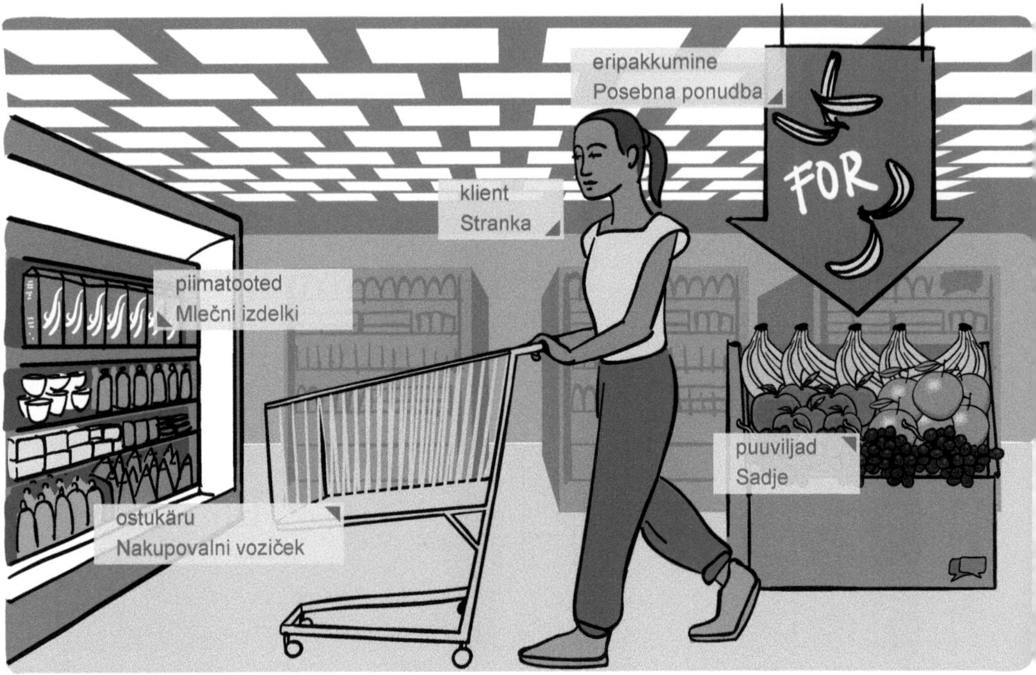

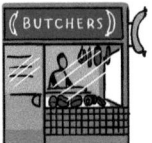

BUTCHERS

lihapood

Mesnica

BAKERY

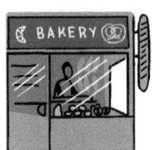

pagariäri

Pekarna

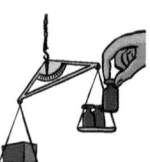

kaaluma

Tehtati

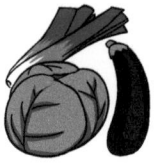

köögiviljad

Zelenjava

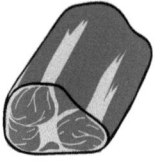

liha

Meso

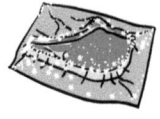

külmutatud toit

Zamrznjena hrana

lihalõigud

Hladne mesnine

konservid

Konzerve

pesupulber

Pralni prašek

maiustused

Sladkarije

majatarbed

Gospodinjski izdelki

puhastustooted

Čistilno sredstvo

müüja

Prodajalka

kassaaparaat

Blagajna

kassapidaja

Blagajnik

ostunimekiri

Nakupovalni seznam

lahtiolekuajad

Delovni čas

rahakott

Denarnica

krediitkaart

Kreditna kartica

kott

Torba

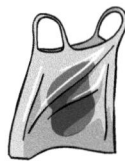

kilekott

Plastična vrečka

vesi

Voda

mahl

Sok

piim

Mleko

koola

Kola

vein

Vino

õlu

Pivo

alkohol

Alkohol

kakao

Kakav

tee

Čaj

kohv

Kava

espresso

Espresso

cappuccino

Kapučino

banaan

Banana

õun

Jabolko

apelsin

Pomaranča

arbuus

Lubenica

sidrun

Limona

porgand

Korenje

küüslauk

Česen

bambus

Bambus

sibul

Čebula

seen

Goba

pähklid

Oreščki

nuudlid

Rezanci

spagetid

Špageti

riis

Riž

salat

Solata

friikartulid

Ocvrt krompirček

praekartulid

Pečen krompir

pitsa

Pica

hamburger

Hamburger

võileib

Sendvič

šnitsel

Zrezek

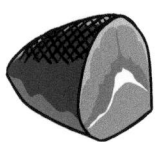

sink

Šunka

salaami

Salama

vorst

Klobasa

kana

Piščanec

praeliha

Pečenka

kala

Riba

kaerahelbed

Ovseni kosmiči

müsli

Musli

maisihelbed

Koruzni kosmiči

jahu

Moka

sarvesai

Rogljiček

kukkel

Žemlja

leib

Kruh

röstsai

Prepečenec

küpsised

Piškoti

või

Maslo

kohupiim

Skuta

kook

Torta

muna

Jajce

praemuna

Pečeno jajce na oko

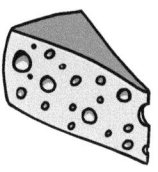

juust

Sir

jäätis

Sladoled

suhkur

Sladkor

mesi

Med

moos

Marmelada

pähklivõie

Čokoladni namaz

karri

Kari

talu
Kmetija

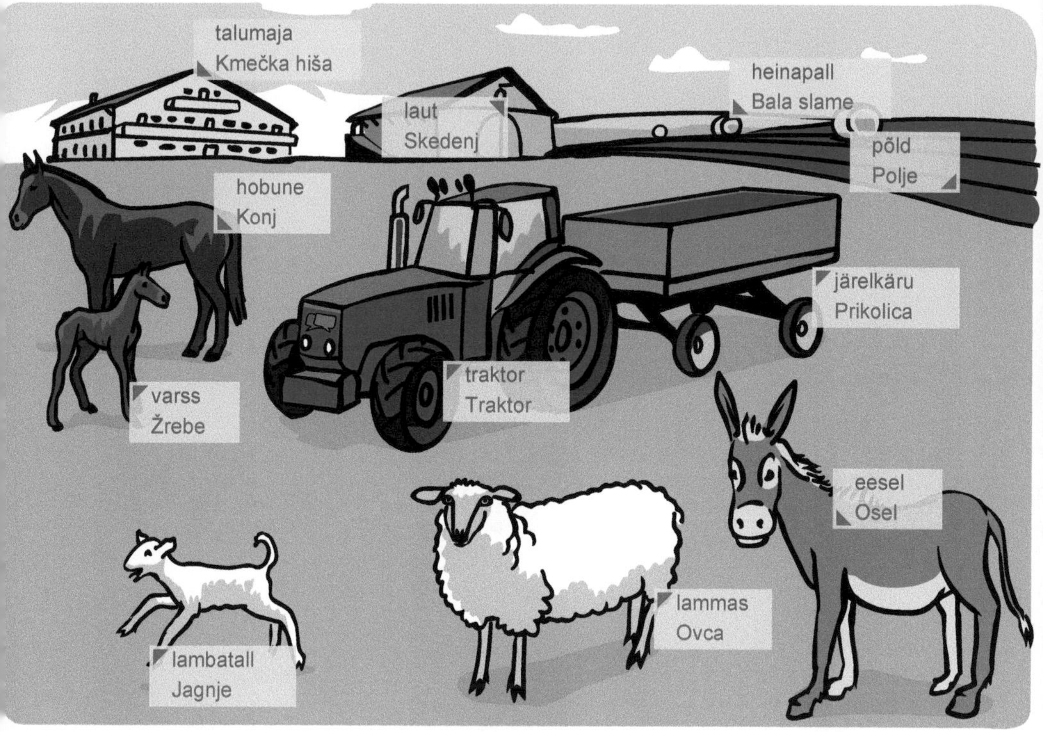

talumaja
Kmečka hiša
laut
Skedenj
heinapall
Bala slame
põld
Polje
hobune
Konj
järelkäru
Prikolica
traktor
Traktor
varss
Žrebe
eesel
Osel
lammas
Ovca
lambatall
Jagnje

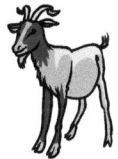

kits
Koza

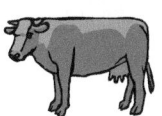

lehm
Krava

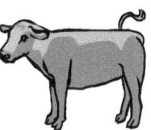

vasikas
Tele

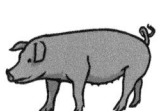

siga
Prašič

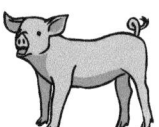

põrsas
Pujsek

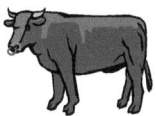

pull
Bik

hani
Gos

part
Raca

tibu
Piščanec

kana
Kokoš

kukk
Petelin

rott
Podgana

kass
Mačka

hiir
Miš

härg
Vol

koer
Pes

koerakuut
Pasja uta

aiavoolik
Cev za zalivanje

kastekann
Kangla za zalivanje

vikat
Kosa

ader
Plug

sirp

Srp

kõblas

Motika

hang

Vile

kirves

Sekira

käru

Samokolnica

küna

Korito

piimanõu

Kangla za mleko

kott

Vreča

tara

Ograja

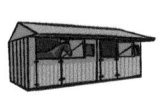

tall

Hlev

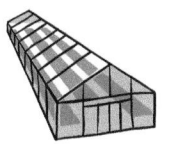

kasvuhoone

Rastlinjak

muld

Prst

seeme

Seme

väetis

Gnojilo

kombain

Kombajn

saaki koristama

Žeti

saagikoristus

Žetev

jamss

Jam

nisu

Pšenica

soja

Soja

kartul

Krompir

mais

Koruza

raps

Oljna ogrščica

viljapuu

Sadno drevo

maniokk

Maniok

teravili

Žito

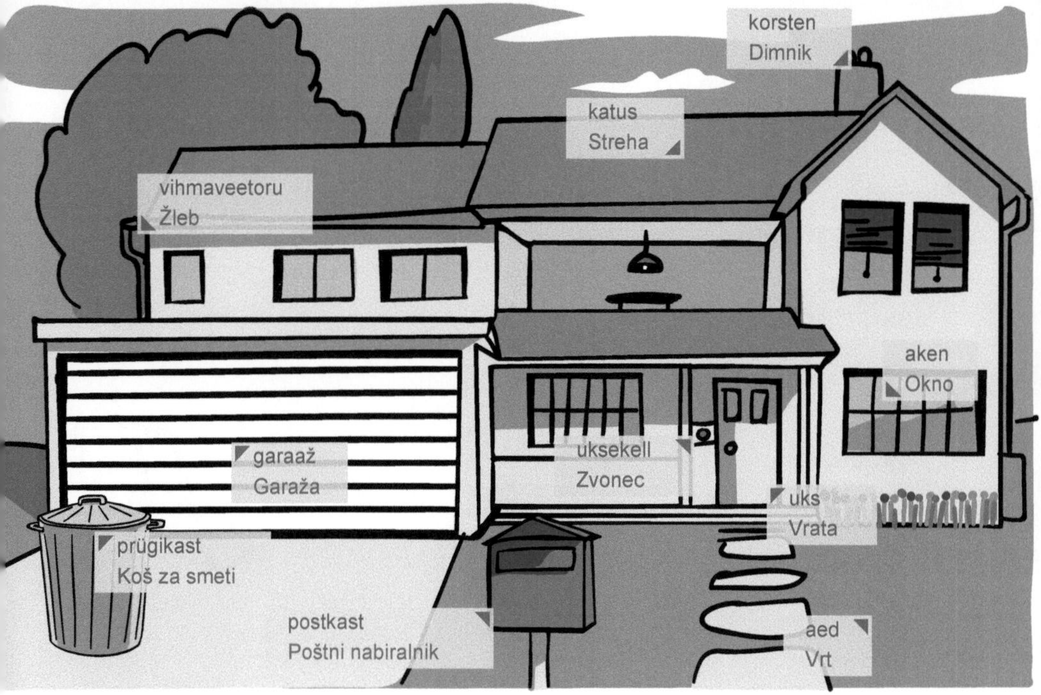

korsten
Dimnik

katus
Streha

vihmaveetoru
Žleb

aken
Okno

garaaž
Garaža

uksekell
Zvonec

uks
Vrata

prügikast
Koš za smeti

postkast
Poštni nabiralnik

aed
Vrt

elutuba

Dnevna soba

vannituba

Kopalnica

köök

Kuhinja

magamistuba

Spalnica

lastetuba

Otroška soba

söögituba

Jedilnica

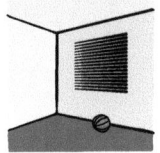

põrand

Tla

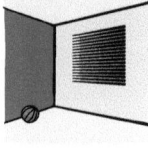

sein

Stena

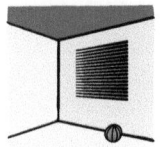

lagi

Strop

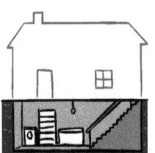

kelder

Klet

saun

Savna

rõdu

Balkon

terrass

Terasa

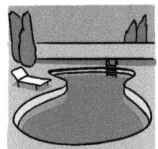

bassein

Bazen

muruniiduk

Kosilnica

voodilina

Rjuha

päevatekk

Posteljno pregrinjalo

voodi

Postelja

luud

Metla

ämber

Vedro

lüliti

Stikalo

elutuba

Dnevna soba

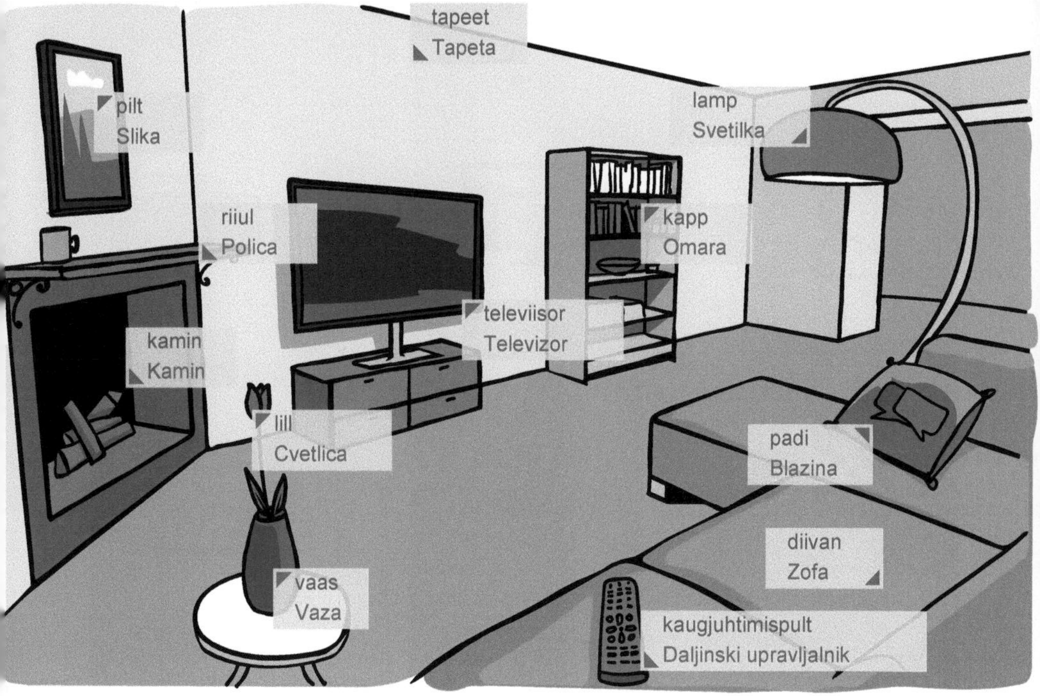
tapeet
Tapeta
pilt
Slika
lamp
Svetilka
riiul
Polica
kapp
Omara
televiisor
Televizor
kamin
Kamin
lill
Cvetlica
padi
Blazina
diivan
Zofa
vaas
Vaza
kaugjuhtimispult
Daljinski upravljalnik

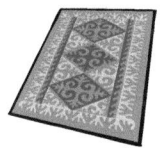

vaip

Preproga

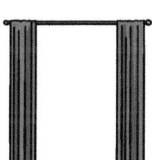

kardin

Zavesa

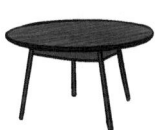

laud

Miza

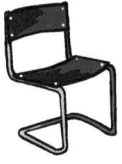

tool

Stol

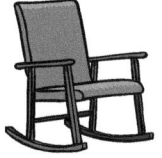

kiiktool

Gugalnik

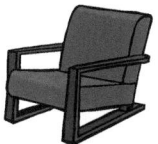

tugitool

Naslanjač

raamat

Knjiga

tekk

Odeja

kaunistus

Dekoracija

küttepuud

Drva

film

Film

helisüsteem

Glasbeni stolp

võti

Ključ

ajaleht

Časopis

maal

Slika

plakat

Plakat

raadio

Radio

märkmik

Beležka

tolmuimeja

Sesalnik

kaktus

Kaktus

küünal

Sveča

köök
Kuhinja

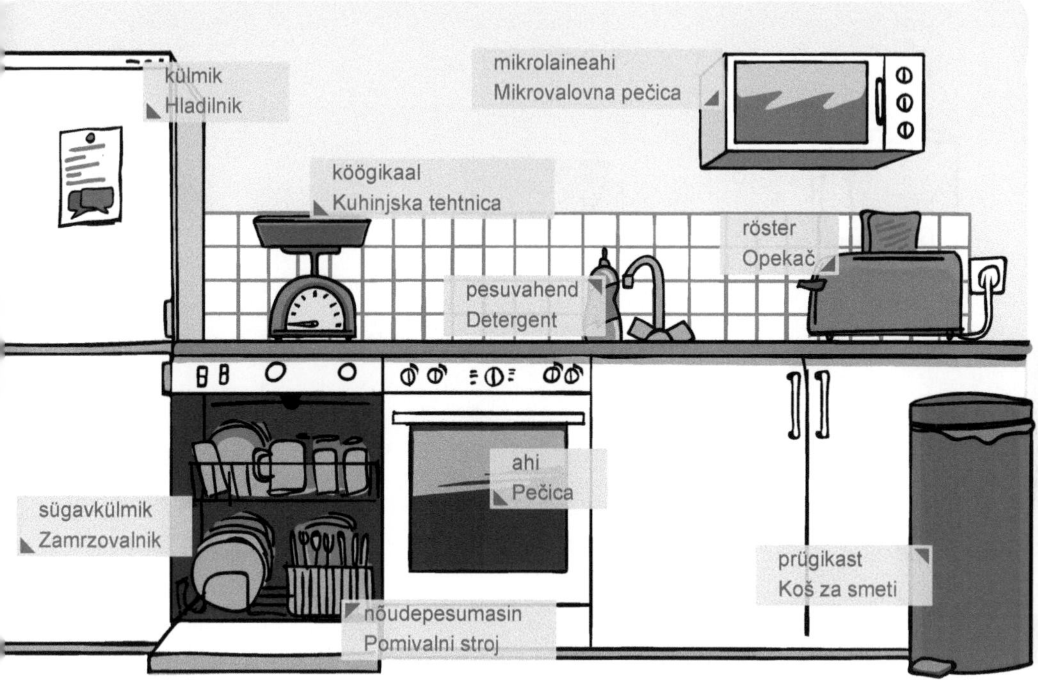

külmik
Hladilnik
mikrolaineahi
Mikrovalovna pečica
köögikaal
Kuhinjska tehtnica
röster
Opekač
pesuvahend
Detergent
ahi
Pečica
sügavkülmik
Zamrzovalnik
prügikast
Koš za smeti
nõudepesumasin
Pomivalni stroj

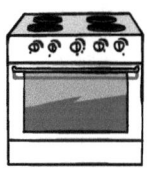

pliit

Kozica

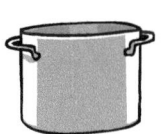

pott

Lonec

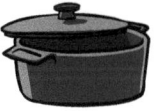

malmpott

Litoželezni lonec

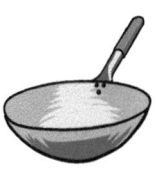

vokkpann

Vok / kadai

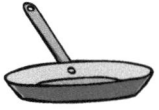

pann

Ponev

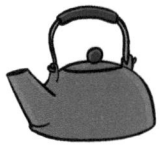

veekeetja

Kotliček

aurutaja

Parni kuhalnik

küpsetusplaat

Pekač

lauanõud

Posoda

kruus

Skodelica

kauss

Skleda

söögipulgad

Jedilne paličice

kulp

Zajemalka

pannilabidas

Lopatica

vispel

Metlica

kurn

Cedilnik

sõel

Cedilo

riiv

Strgalo

uhmer

Možnar

grill

Žar

lahtine tuli

Ognjišče

lõikelaud

Deska za rezanje

tainarull

Valjar

korgitser

Odpirač za steklenice

konservipurk

Pločevinka

konserviavaja

Odpirač za konzerve

pajakinnas

Prijemalka za posodo

kraanikauss

Korito

hari

Ščetka

pesukäsn

Goba

kannmikser

Mešalnik

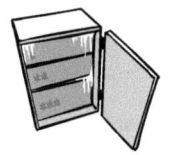

sügavkülmuti

Zamrzovalna skrinja

lutipudel

Steklenička

segisti

Pipa

vannituba
Kopalnica

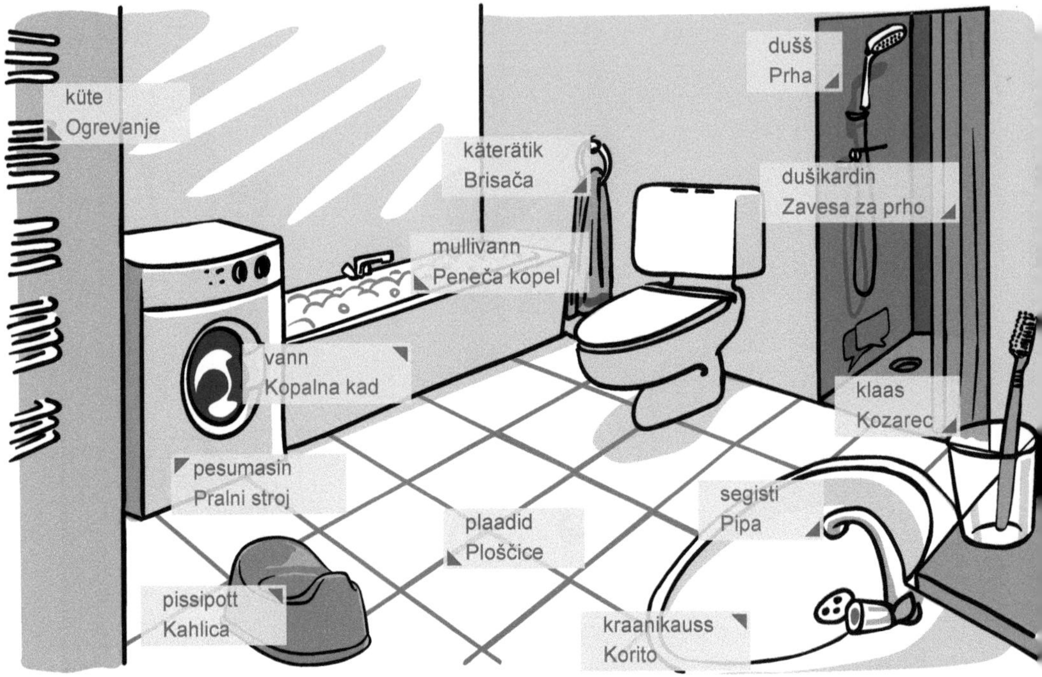
küte
Ogrevanje
käterätik
Brisača
dušš
Prha
dušikardin
Zavesa za prho
mullivann
Peneča kopel
vann
Kopalna kad
klaas
Kozarec
pesumasin
Pralni stroj
segisti
Pipa
plaadid
Ploščice
pissipott
Kahlica
kraanikauss
Korito

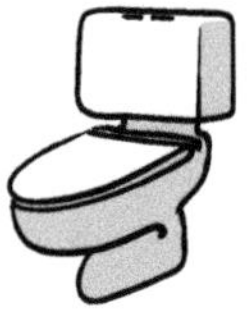

WC-pott

Stranišče

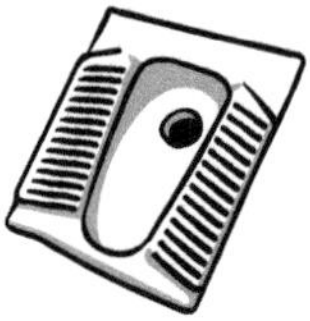

kükitamistualett

Stranišče na počep

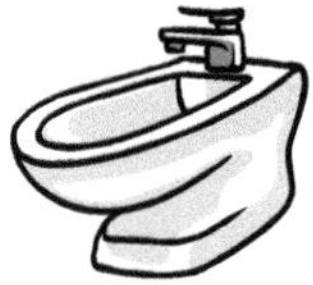

bidee

Bide

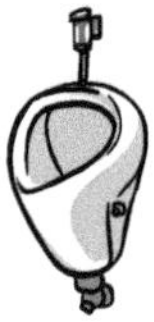

pissuaar

Pisoar

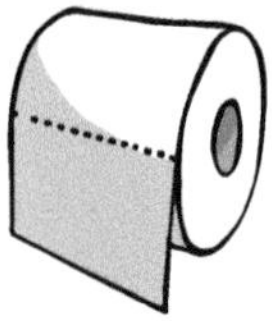

tualettpaber

Toaletni papir

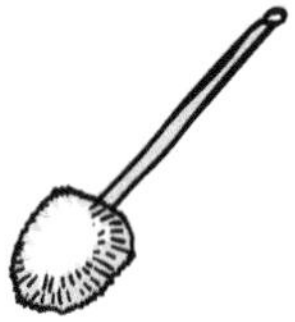

WC-hari

Ščetka za straniščno školjko

hambahari

Zobna ščetka

hambapasta

Zobna pasta

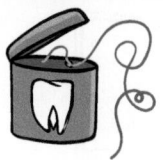

hambaniit

Zobna nitka

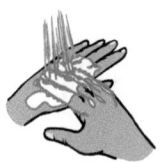

pesema

Umiti se

käsidušš

Ročna prha

intiimdušš

Prha za intimne dele

pesukauss

Umivalnik

seljahari

Krtača za hrbet

seep

Milo

dušigeel

Gel za prhanje

šampoon

Šampon

vamm

Krpica za miljenje

äravool

Odtok

kreem

Krema

deodorant

Deodorant

peegel

Ogledalo

käsipeegel

Ročno ogledalo

habemenuga

Britvica

raseerimisvaht

Pena za britje

habemevesi

Vodica po britju

kamm

Glavnik

hari

Ščetka

föön

Sušilnik za lase

juukselakk

Lak za lase

meigikomplekt

Ličila

huulepulk

Šminka

küünelakk

Lak za nohte

vatt

Vatirane blazinice

küünekäärid

Škarjice za nohte

parfüüm

Parfum

tualett-tarvete kott

Toaletna torbica

taburet

Stol brez naslonjala

kaal

Osebna tehtnica

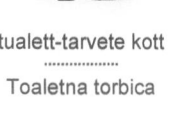

hommikumantel

Kopalni plašč

kummikindad

Gumijaste rokavice

tampoon

Tampon

hügieeniside

Damski vložki

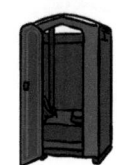

keemiline tualett

Kemično stranišče

lastetuba
Otroška soba

äratuskell
Budilka
pehme mänguasi
Plišasta igrača
mänguauto
Avtomobilček
kõristi
Ropotuljica
nukumaja
Hiška za punčke
kingitus
Darilo

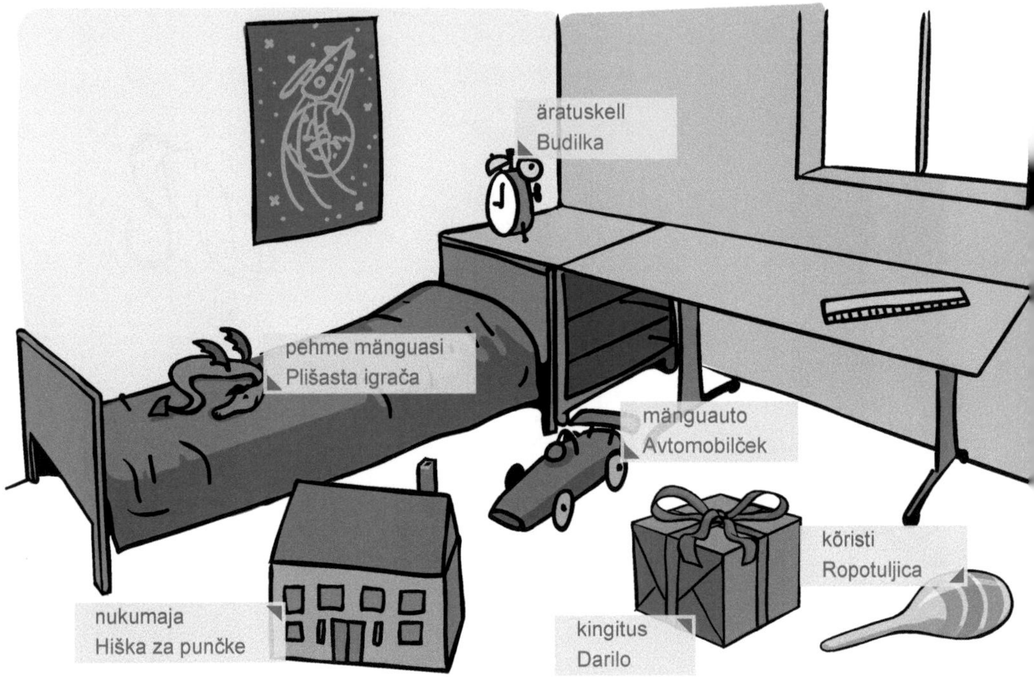

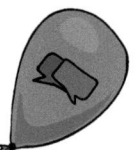

õhupall

Balon

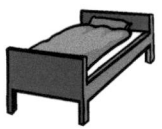

voodi

Postelja

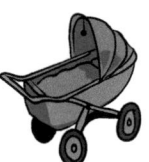

lapsevanker

Otroški voziček

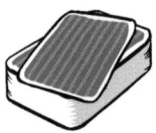

kaardipakk

Igralne karte

pusle

Sestavljanka

SUPER
MEGA

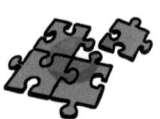

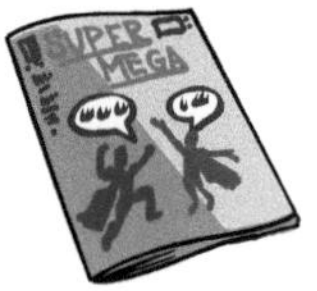

koomiks

Strip

Lego klotsid

Lego kocke

klotsid

Igralne kocke

kujuke

Akcijska figura

siputuspüksid

Bodi

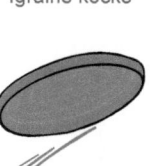

lendav taldrik

Frizbi

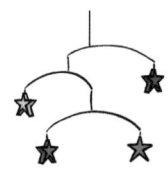

voodikarussell

Vrtiljak za posteljico

lauamäng

Namizna igra

täringud

Kocka

mudelrong

Komplet modelov vlakov

lutt

Duda

pidu

Zabava

pildiraamat

Slikanica

pall

Žoga

nukk

Lutka

mängima

Igrati se

liivakast
Peskovnik

kiik
Gugalnica

mänguasjad
Igrače

mängukonsool
Igralna konzola

kolmerattaline jalgratas
Tricikel

mängukaru
Plišasti medvedek

riidekapp
Garderoba

riietus
Oblačilo

sokid
Nogavice

sukad
Samostoječe nogavice

sukkpüksid
Hlačne nogavice

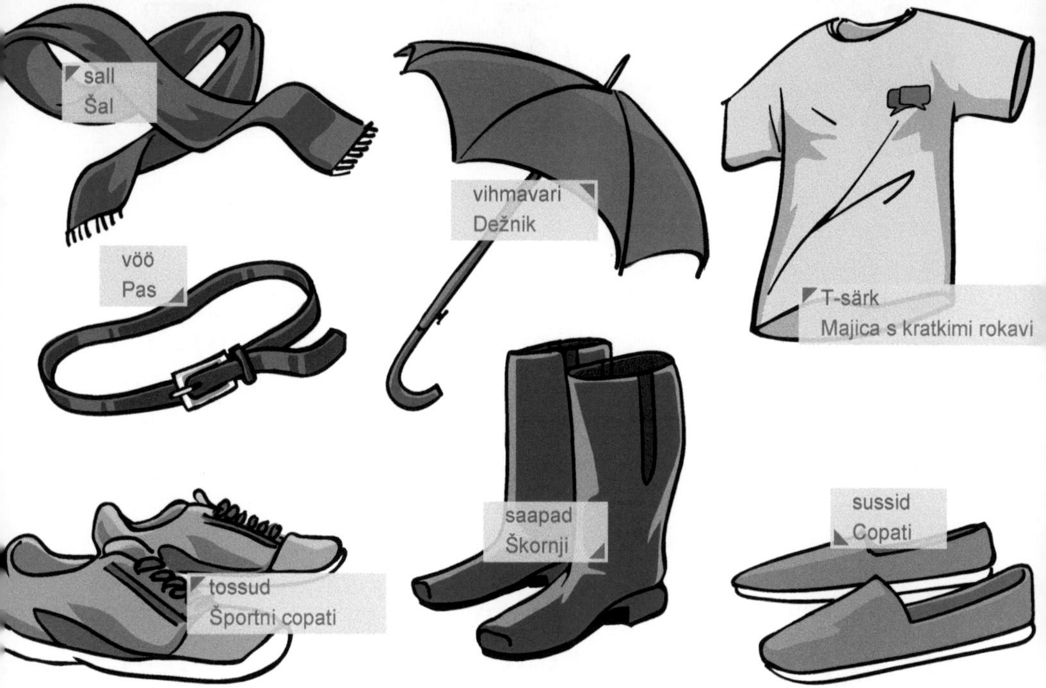

sall
Šal

vihmavari
Dežnik

T-särk
Majica s kratkimi rokavi

vöö
Pas

saapad
Škornji

sussid
Copati

tossud
Športni copati

sandaalid
·················
Sandali

jalatsid
·················
Čevlji

kummikud
·················
Gumijasti škornji

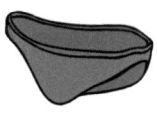

aluspüksid
·················
Spodnje hlače

rinnahoidja
·················
Modrček

vest
·················
Telovnik

riietus - Oblačilo

bodi
....
Bodi

püksid
....
Hlače

teksapüksid
....
Kavbojke

seelik
....
Krilo

pluus
....
Bluza

särk
....
Srajca

sviiter
....
Pulover

dressipluus
....
Pletena jopica

bleiser
....
Jopa

jakk
....
Jakna

mantel
....
Plašč

vihmamantel
....
Dežni plašč

kostüüm
....
Kostim

kleit
....
Obleka

pulmakleit
....
Poročna obleka

ülikond

Obleka

öösärk

Spalna srajca

pidžaama

Pižama

sari

Sari

pearätt

Naglavna ruta

turban

Turban

burka

Burka

kaftan

Kaftan

abayah

Abaja

ujumistrikoo

Kopalke

ujumispüksid

Kopalne hlače

lühikesed püksid

Kratke hlače

dressid

Trenirka

põll

Predpasnik

kindad

Rokavice

nööp
Gumb

prillid
Očala

käevõru
Zapestnica

kaelakee
Verižica

sõrmus
Prstan

kõrvarõngas
Uhan

nokamüts
Kapa

riidepuu
Obešalnik

kaabu
Klobuk

lips
Kravata

tõmblukk
Zadrga

kiiver
Čelada

traksid
Naramnice

koolivorm
Šolska uniforma

vormirõivad
Uniforma

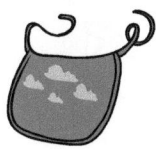

pudipõll

Slinček

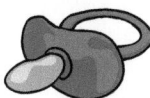

lutt

Duda

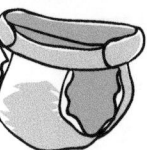

mähe

Plenica

kontor

Pisarna

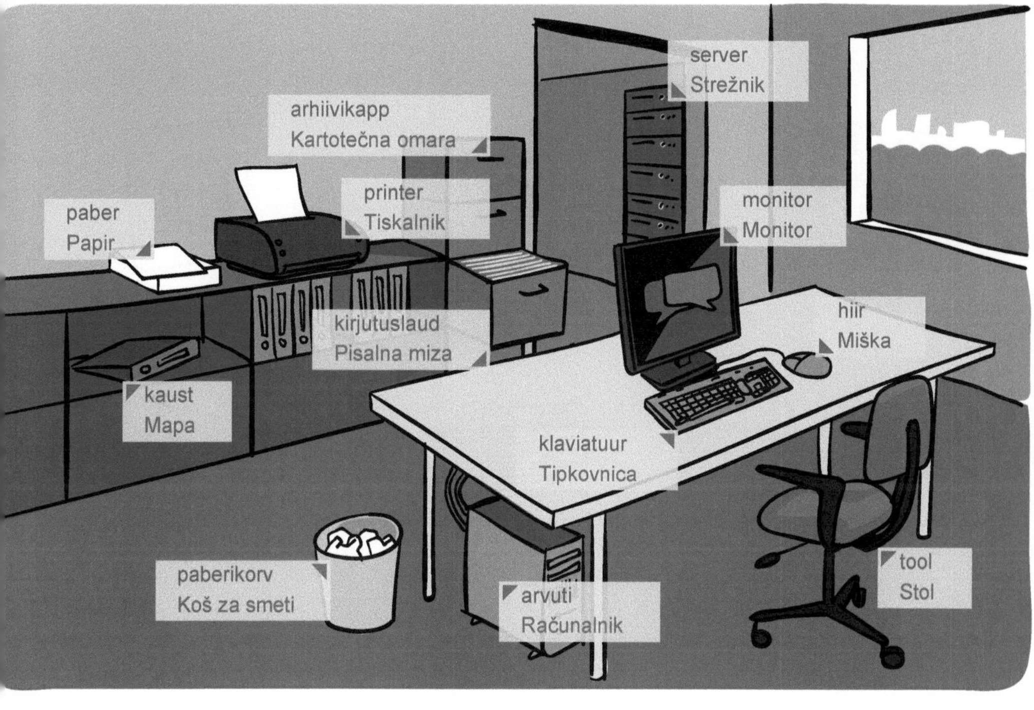
server
Strežnik
arhiivikapp
Kartotečna omara
printer
Tiskalnik
paber
Papir
monitor
Monitor
kirjutuslaud
Pisalna miza
hiir
Miška
kaust
Mapa
klaviatuur
Tipkovnica
paberikorv
Koš za smeti
arvuti
Računalnik
tool
Stol

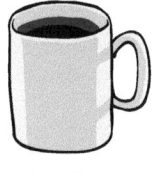

kohvikruus

Lonček za kavo

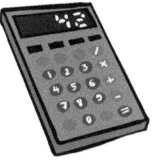

kalkulaator

Kalkulator

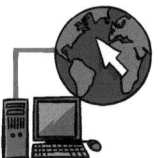

internet

Internet

sülearvuti

Prenosnik

kiri

Pismo

sõnum

Sporočilo

mobiiltelefon

Mobilnik

võrk

Omrežje

koopiamasin

Kopirni stroj

tarkvara

Programska oprema

telefon

Telefon

pistikupesa

Vtičnica

faksimasin

Telefaks

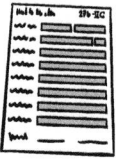

vorm

Obrazec

dokument

Dokument

ostma
Kupiti

maksma
Plačati

vahetama
Trgovati

raha
Denar

dollar
Dolar

euro
Evro

jeen
Jen

rubla
Rubelj

Šveitsi frank
Švičarski frank

renminbi jüaan
Kitajski juan renminbi

ruupia
Rupija

sularahaautomaat
Bankomat

valuutavahetuspunkt

Menjalnica

kuld

Zlato

hõbe

Srebro

nafta

Nafta

energia

Energija

hind

Cena

leping

Pogodba

maks

Davek

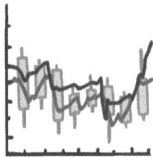

aktsia

Delnice

töötama

Delati

töötaja

Delojemalec

tööandja

Delodajalec

tehas

Tovarna

kauplus

Trgovina

ametid
Poklici

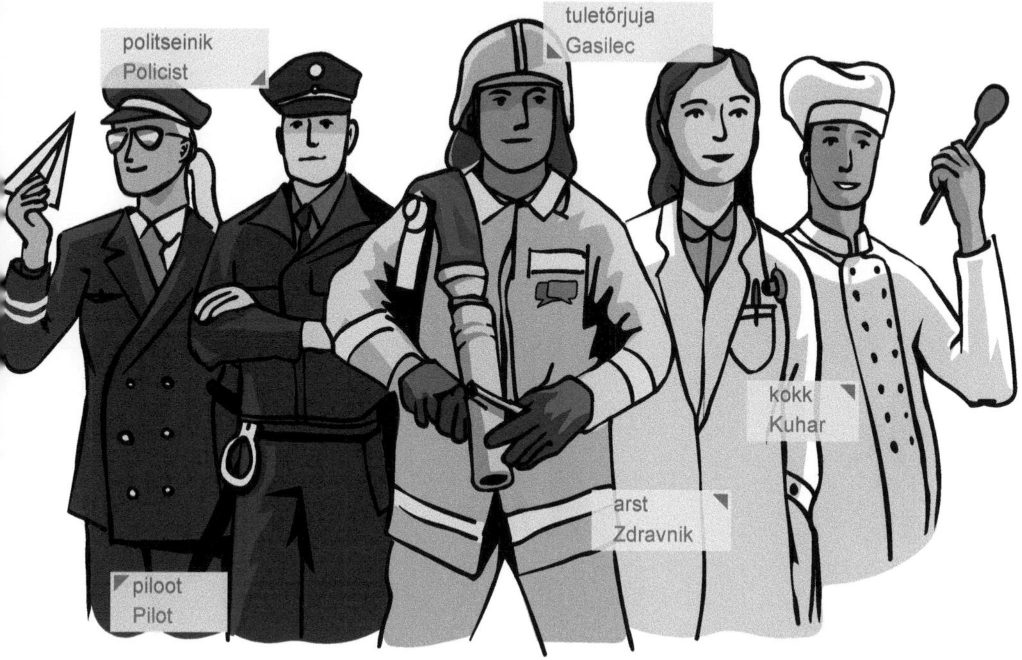
politseinik
Policist
tuletõrjuja
Gasilec
kokk
Kuhar
arst
Zdravnik
piloot
Pilot

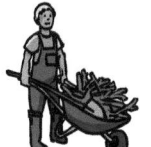

aednik

Vrtnar

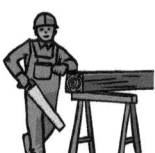

puusepp

Mizar

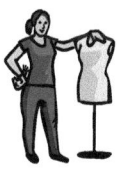

õmbleja

Šivilja

kohtunik

Sodnik

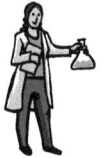

keemik

Kemik

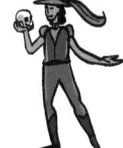

näitleja

Igralec

bussijuht

Voznik avtobusa

taksojuht

Taksist

kalamees

Ribič

koristaja

Čistilka

katusepaigaldaja

Krovec

kelner

Natakar

jahimees

Lovec

maaler

Pleskar

pagar

Pek

elektrik

Električar

ehitaja

Gradbenik

insener

Inženir

lihunik

Mesar

torumees

Vodovodni inštalater

postiljon

Poštar

sõdur
Vojak

arhitekt
Arhitekt

kassapidaja
Blagajnik

lillemüüja
Cvetličar

juuksur
Frizer

piletikontrolör
Sprevodnik

mehaanik
Mehanik

kapten
Kapitan

hambaarst
Zobozdravnik

teadlane
Znanstvenik

rabi
Rabin

imaam
Imam

munk
Menih

preester
Duhovnik

tööriistad
Orodje

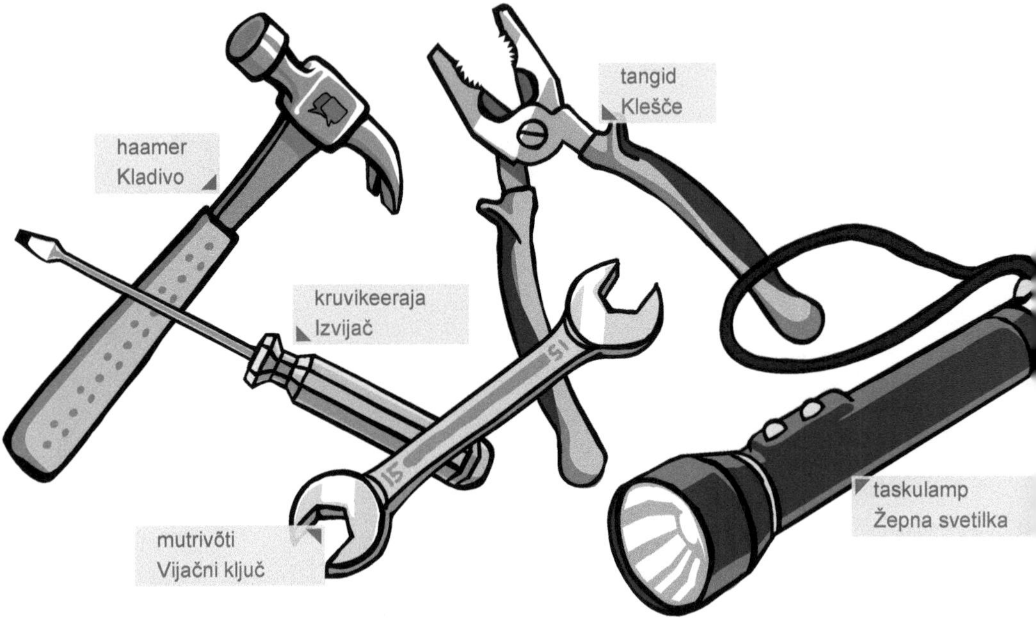

haamer
Kladivo
tangid
Klešče
kruvikeeraja
Izvijač
mutrivõti
Vijačni ključ
taskulamp
Žepna svetilka

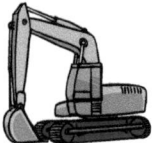

ekskavaator

Bager

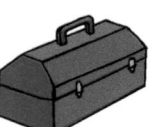

tööriistakast

Zaboj z orodjem

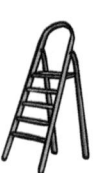

redel

Lestev

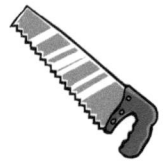

saag

Žaga

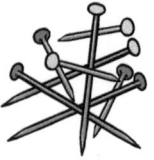

naelad

Žeblji

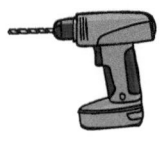

trell

Vrtalnik

parandama
....
Popraviti

labidas
....
Lopata

Põrgusse!
....
Šment!

kühvel
....
Smetišnica

värvipott
....
Posoda z barvo

kruvid
....
Vijaki

pillid

Glasbeni instrument

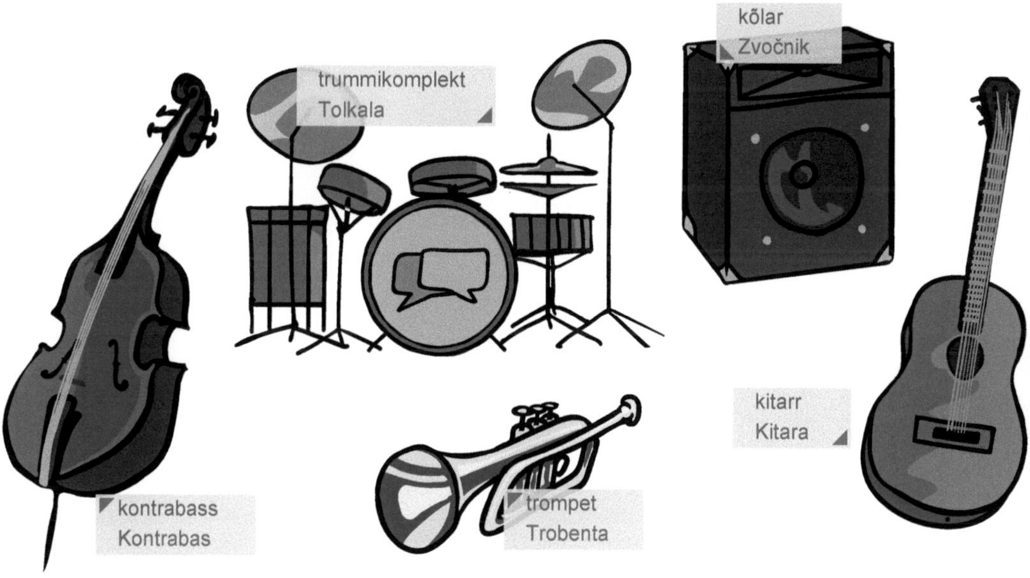

trummikomplekt
Tolkala

kõlar
Zvočnik

kitarr
Kitara

kontrabass
Kontrabas

trompet
Trobenta

klaver

Klavir

viiul

Violina

bass

Bas kitara

timpan

Pavke

trummid

Bobni

süntesaator

Sintetizator

saksofon

Saksofon

flööt

Flavta

mikrofon

Mikrofon

pillid - Glasbeni instrument

loomaaed

Živalski vrt

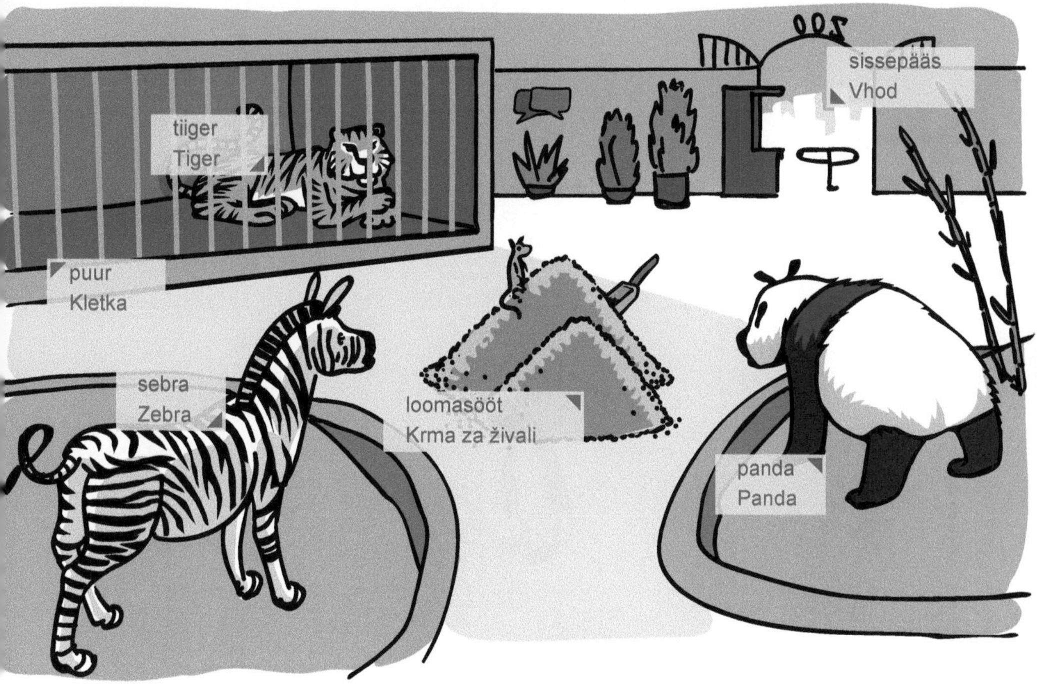

sissepääs
Vhod
tiiger
Tiger
puur
Kletka
sebra
Zebra
loomasööt
Krma za živali
panda
Panda

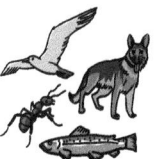

loomad

Živali

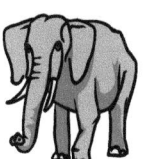

elevant

Slon

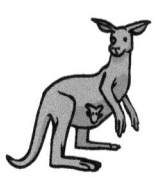

känguru

Kenguru

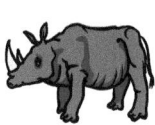

ninasarvik

Nosorog

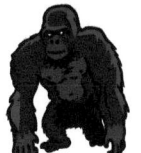

gorilla

Gorila

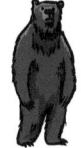

karu

Medved

kaamel

Kamela

jaanalind

Noj

lõvi

Lev

ahv

Opica

flamingo

Plamenec

papagoi

Papagaj

jääkaru

Severni medved

pingviin

Pingvin

hai

Morski pes

paabulind

Pav

madu

Kača

krokodill

Krokodil

loomaaiatalitaja

Oskrbnik v živalskem vrtu

hüljes

Tjulenj

jaaguar

Jaguar

poni

Poni

leopard

Leopard

jõehobu

Povodni konj

kaelkirjak

Žirafa

kotkas

Orel

metssiga

Divji prašič

kala

Riba

kilpkonn

Želva

morsk

Mrož

rebane

Lisica

gasell

Gazela

Ameerika jalgpall
Ameriški nogomet

jalgrattasõit
Kolesarjenje

tennis
Tenis

korvpall
Košarka

ujumine
Plavanje

poksimine
Boks

jäähoki
Hokej

jalgpall
Nogomet

sulgpall
Badminton

kergejõustik
Atletika

käsipall
Rokomet

suusatamine
Smučanje

polo
Polo

tegevused
Dejavnosti

naerma
Smejati se
hüppama
Skočiti
kallistama
Objeti
jalutama
Hoditi
laulma
Peti
unistama
Sanjati
palvetama
Moliti
suudlema
Poljubiti

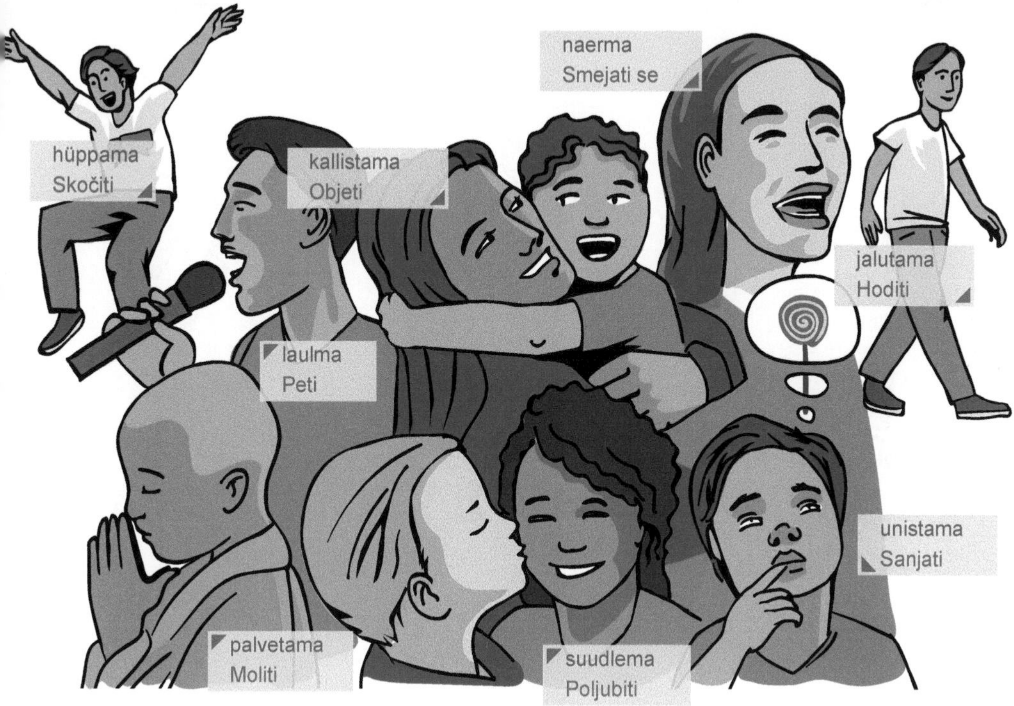

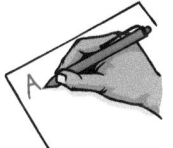

kirjutama

Pisati

joonistama

Risati

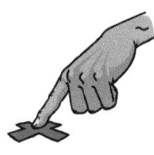

näitama

Pokazati

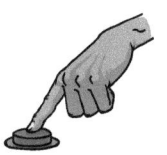

lükkama

Potisniti

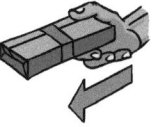

andma

Dati

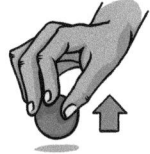

võtma

Vzeti

omama

Imeti

tegema

Narediti

olema

Biti

seisma

Stati

jooksma

Teči

tõmbama

Vleči

viskama

Vreči

kukkuma

Pasti

lamama

Ležati

ootama

Čakati

kandma

Nositi

istuma

Sedeti

riidesse panema

Obleči se

magama

Spati

ärkama

Zbuditi se

vaatama

Gledati

nutma

Jokati

paitama

Božati

kammima

Česati se

rääkima

Govoriti

aru saama

Razumeti

küsima

Vprašati

kuulama

Poslušati

jooma

Piti

sööma

Jesti

korrastama

Pospraviti

armastama

Ljubiti

süüa tegema

Kuhati

sõitma

Voziti

lendama

Leteti

purjetama

Jadrati

arvutama

Računanje

lugema

Brati

õppima

Učiti se

töötama

Delati

abielluma

Poročiti se

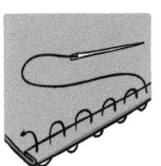

õmblema

Šivati

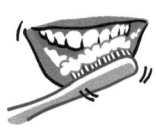

hambaid pesema

Ščetkati si zobe

tapma

Ubiti

suitsetama

Kaditi

saatma

Poslati

vanaema
Stara mati

vanaisa
Stari oče

isa
Oče

ema
Mati

imik
Dojenček

tütar
Hči

poeg
Sin

külaline

Gost

tädi

Teta

onu

Stric

vend

Brat

õde

Sestra

keha

Telo

otsmik
Čelo
silm
Oko
õlg
Rama
sõrm
Prst
nägu
Obraz
lõug
Brada
käsi
Dlan
jalg
Noga
rind
Prsi
käsivars
Roka

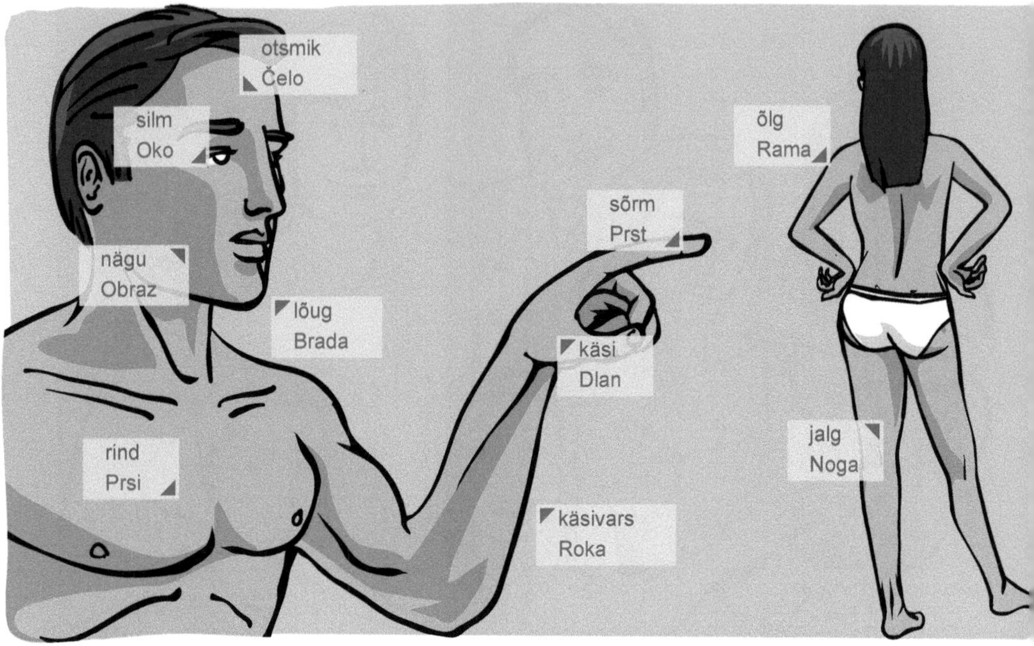

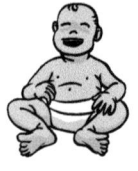

imik

Dojenček

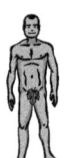

mees

Človek

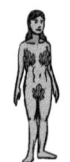

naine

Ženska

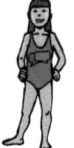

tüdruk

Dekle

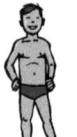

poiss

Fant

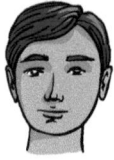

pea

Glava

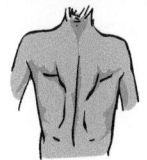

selg

Hrbet

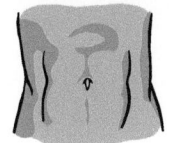

kõht

Trebuh

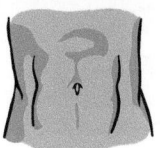

naba

Popek

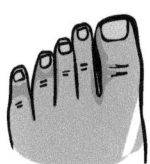

varvas

Prst na nogi

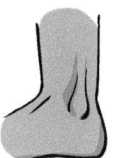

kand

Peta

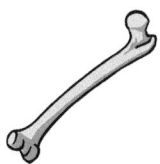

luu

Kost

puus

Kolk

põlv

Koleno

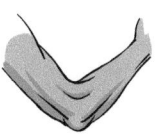

küünarnukk

Komolec

nina

Nos

tagumik

Zadnjica

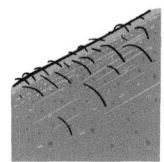

nahk

Koža

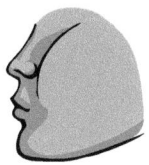

põsk

Lice

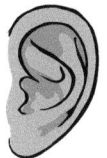

kõrv

Uho

huuled

Ustnica

suu
....
Usta

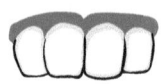

hammas
....
Zob

keel
....
Jezik

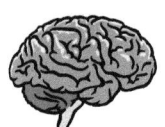

aju
....
Možgani

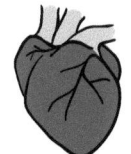

süda
....
Srce

lihas
....
Mišica

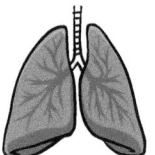

kops
....
Pljuča

maks
....
Jetra

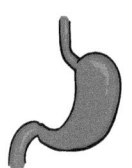

magu
....
Želodec

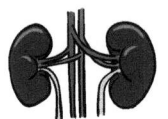

neerud
....
Ledvice

seksuaalvahekord
....
Spolni odnos

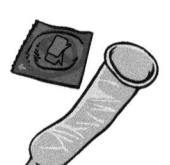

kondoom
....
Kondom

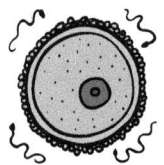

munarakk
....
Jajčece

sperma
....
Semenska tekočina

rasedus
....
Nosečnost

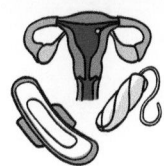

menstruatsioon

Menstruacija

vagiina

Vagina

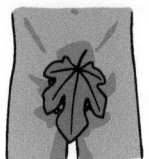

peenis

Penis

kulm

Obrv

juuksed

Lasje

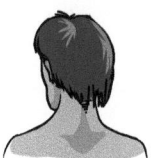

kael

Vrat

haigla
Bolnišnica

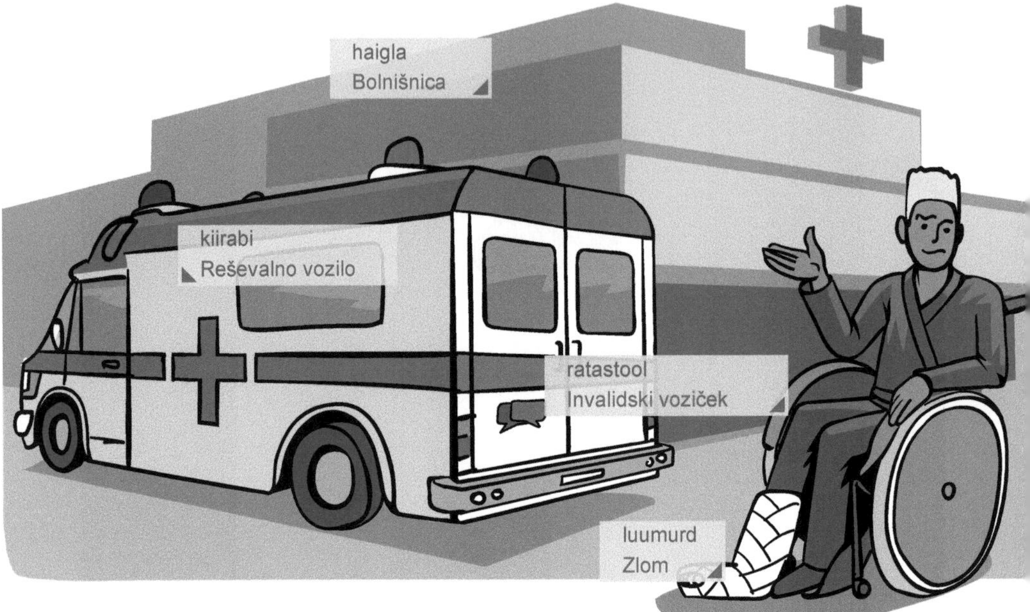

haigla
Bolnišnica
kiirabi
Reševalno vozilo
ratastool
Invalidski voziček
luumurd
Zlom

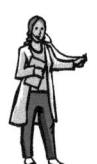

arst
Zdravnik

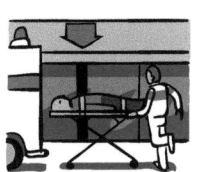

traumapunkt
Urgenca

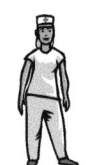

meditsiiniõde
Medicinska sestra

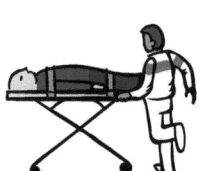

hädaolukord
Nujni primer

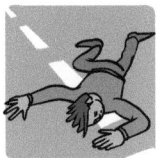

teadvuseta
Nezavesten

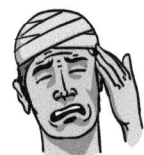

valu
Bolečina

vigastus

Poškodba

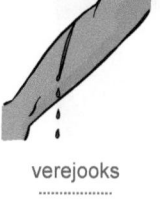

verejooks

Krvavenje

südamerabandus

Srčni infarkt

insult

Kap

allergia

Alergija

köha

Kašelj

palavik

Vročina

gripp

Gripa

kõhulahtisus

Driska

peavalu

Glavobol

vähk

Rak

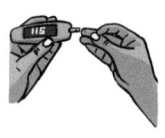

diabeet

Sladkorna bolezen

kirurg

Kirurg

skalpell

Skalpel

operatsioon

Operacija

KT
CT

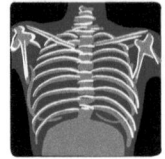

röntgen
Rentgen

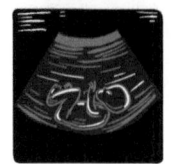

ultraheli
Ultrazvok

mask
Obrazna maska

haigus
Bolezen

ooteruum
Čakalnica

kark
Bergla

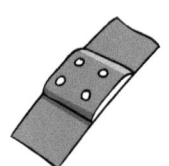

kips
Obliž

side
Preveza

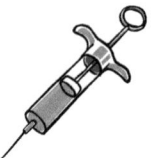

süst
Injekcija

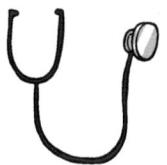

stetoskoop
Stetoskop

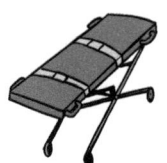

kanderaam
Nosila

kraadiklaas
Klinični termometer

sünd
Porod

ülekaaluline
Prekomerna teža

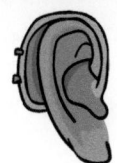

kuuldeaparaat

Slušni pripomoček

desinfektsioonivahend

Razkužilo

põletik

Okužba

viirus

Virus

HIV / AIDS

HIV / AIDS

meditsiin

Medicina

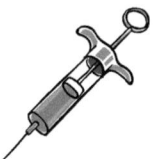

vaktsineerimine

Cepljenje

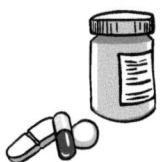

tabletid

Tablete

pill

Tableta

hädaabikõne

Klic v sili

vererõhuaparaat

Merilnik krvnega tlaka

haige / terve

bolano / zdravo

Appi!

Na pomoč!

häire

Alarm

kallaletung

Napad

rünnak

Napad

oht

Nevarnost

avariiväljapääs

Izhod v sili

Tulekahju!

Gori!

tulekustuti

Gasilni aparat

õnnetus

Nezgoda

esmaabikomplekt

Komplet za prvo pomoč

SOS

SOS

politsei

Policija

Euroopa

Evropa

Põhja-Ameerika

Severna Amerika

Lõuna-Ameerika

Južna Amerika

Aafrika

Afrika

Aasia

Azija

Austraalia

Avstralija

Atlandi ookean

Atlantski ocean

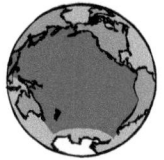

Vaikne ookean

Tihi ocean

India ookean

Indijski ocean

Lõuna-Jäämeri

Južni ocean

Põhja-Jäämeri

Arktični ocean

põhjapoolus

Severni tečaj

lõunapoolus
Južni tečaj

Antarktika
Antarktika

Maa
Zemlja

maismaa
Kopno

meri
Morje

saar
Otok

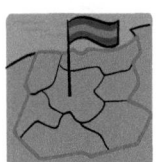

rahvus
Narod

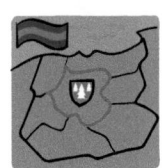

riik
Država

sihverplaat

Številčnica

tunniosuti

Urni kazalec

minutiosuti

Minutni kazalec

sekundiosuti

Sekundni kazalec

Mis kell on?

Koliko je ura?

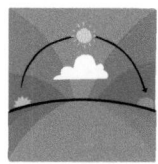

päev

Dan

aeg

Čas

praegu

Zdaj

digitaalne kell

Digitalna ura

minut

Minuta

tund

Ura

nädal
Teden

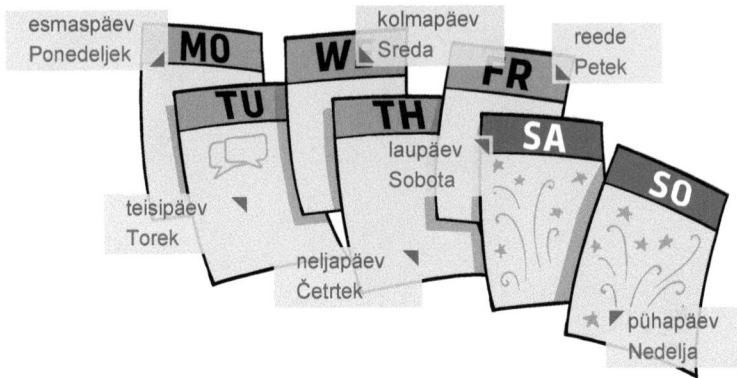

esmaspäev
Ponedeljek

kolmapäev
Sreda

reede
Petek

teisipäev
Torek

laupäev
Sobota

neljapäev
Četrtek

pühapäev
Nedelja

eile
Včeraj

täna
Danes

homme
Jutri

hommik
Jutro

lõuna
Poldne

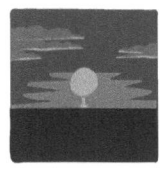

õhtu
Večer

tööpäevad
Delovni dnevi

nädalavahetus
Konec tedna

aasta
Leto

vihm
Dež
vikerkaar
Mavrica
lumi
Sneg
tuul
Veter
kevad
Pomlad
sügis
Jesen
suvi
Poletje
talv
Zima

4.APRIL 11°
5.APRIL 4°
6.APRIL 13°
7.APRIL 8°
8.APRIL 10°

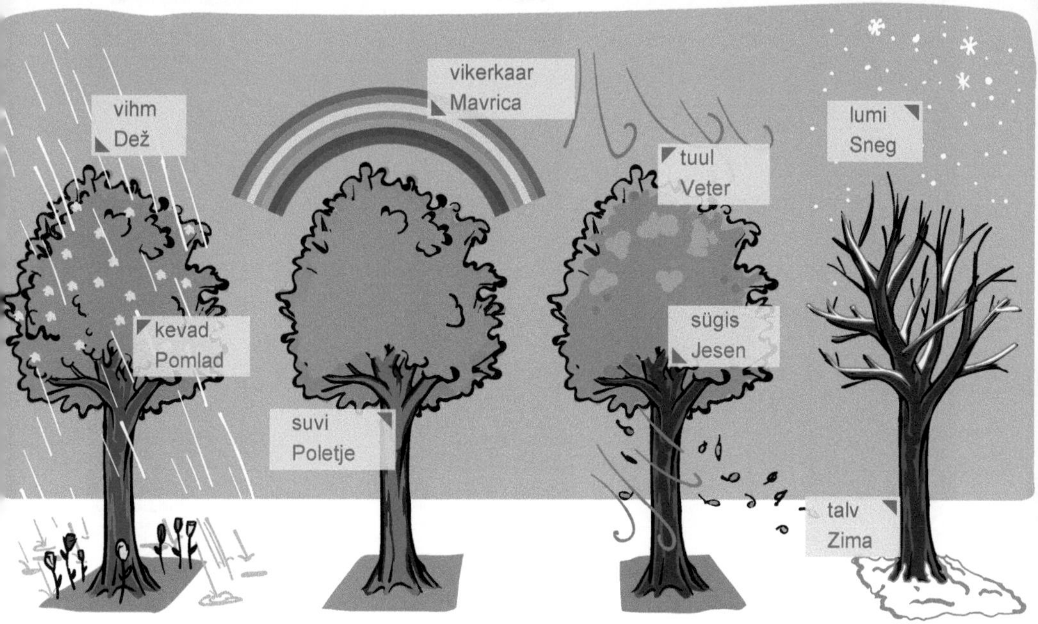

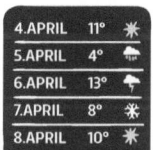

ilmaennustus

Vremenska napoved

F C
120 40
90 30
60 20
30 10
0 0
-30 -10
-20

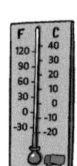

termomeeter

Termometer

päikesepaiste

Sončna svetloba

pilv

Oblak

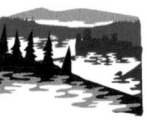

udu

Megla

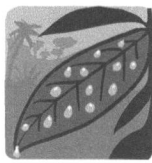

niiskus

Vlažnost

pikne

Strela

kõu

Grom

torm

Nevihta

rahe

Toča

mussoon

Monsun

üleujutus

Poplava

jää

Led

jaanuar

Januar

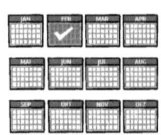

veebruar

Februar

märts

Marec

aprill

April

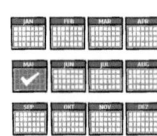

mai

Maj

juuni

Junij

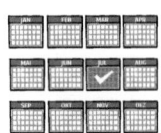

juuli

Julij

august

Avgust

september
....
September

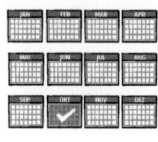

oktoober
....
Oktober

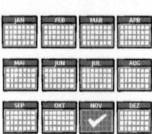

november
....
November

detsember
....
December

kujundid
Oblike

ring
....
Krogla

ruut
....
Kvadrat

nelinurk
....
Pravokotnik

kolmnurk
....
Trikotnik

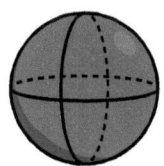

kera
....
Krogla

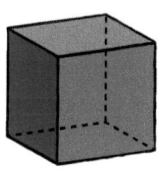

kuup
....
Kocka

valge

Bela

kollane

Rumena

oranž

Oranžna

roosa

Rožnata

punane

Rdeča

lilla

Vijolična

sinine

Modra

roheline

Zelena

pruun

Rjava

hall

Siva

must

Črna

palju / vähe

veliko / malo

vihane / rahulik

jezno / umirjeno

ilus / inetu

lepo / grdo

algus / lõpp

začetek / konec

suur / väike

veliko / majhno

hele / tume

svetlo / temno

vend / õde

brat / sestra

puhas / must

čisto / umazano

täielik / puudulik

popolno / nepopolno

päev / öö

dan / noč

surnud / elus

mrtvo / živo

lai / kitsas

široko / ozko

söödav / mittesöödav

užitno / neužitno

kuri / sõbralik

zlobno / prijazno

põnevil / tüdinud

vznemirjeno / zdolgočaseno

paks / peenike

debelo / vitko

esimene / viimane

prvo / zadnje

sõber / vaenlane

prijatelj / sovražnik

täis / tühi

polno / prazno

kõva / pehme

trdo / mehko

raske / kerge

težko / lahko

nälg / janu

lakota / žeja

haige / terve

bolano / zdravo

ebaseaduslik / seaduslik

nezakonito / zakonito

tark / rumal

pametno / neumno

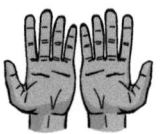

vasak / parem

levo / desno

lähedal / kaugel

blizu / daleč

uus / kasutatud

novo / rabljeno

mitte midagi / midagi

nič / nekaj

vana / noor

staro / mlado

sees / väljas

vklopljeno / izklopljeno

lahti / kinni

odprto / zaprto

vaikne / vali

tiho / glasno

rikas / vaene

bogato / revno

õige / vale

prav / narobe

kare / sile

grobo / gladko

kurb / rõõmus

žalostno / veselo

lühike / pikk

kratko / dolgo

aeglane / kiire

počasi / hitro

märg / kuiv

mokro / suho

soe / jahe

toplo / hladno

sõda / rahu

vojna / mir

0	**1**	**2**
null	üks	kaks
Ničla	Ena	Dva

3	**4**	**5**
kolm	neli	viis
Tri	Štiri	Pet

6	**7**	**8**
kuus	seitse	kaheksa
Šest	Sedem	Osem

9	**10**	**11**
üheksa	kümme	üksteist
Devet	Deset	Enajst

12

kaksteist

Dvanajst

13

kolmteist

Trinajst

14

neliteist

Štirinajst

15

viisteist

Petnajst

16

kuusteist

Šestnajst

17

seitseteist

Sedemnajst

18

kaheksateist

Osemnajst

19

üheksateist

Devetnajst

20

kakskümmend

Dvajset

100

sada

Sto

1.000

tuhat

Tisoč

1.000.000

miljon

Milijon

inglise

Angleščina

Ameerika inglise

Ameriška angleščina

mandariini

Mandarinščina

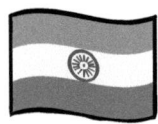

hindi

Hindujščina

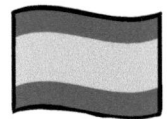

hispaania

Španščina

prantsuse

Francoščina

araabia

Arabščina

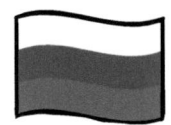

vene

Ruščina

portugali

Portugalščina

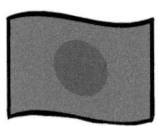

bengali

Bengalščina

saksa

Nemščina

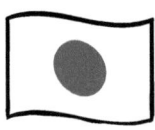

jaapani

Japonščina

mina

Jaz

sina

Ti

tema

On / ona / tisto

meie

Mi

teie

Vi

nemad

Oni

kes?

Kdo?

mis?

Kaj?

kuidas?

Kako?

kus?

Kje?

millal?

Kdaj?

nimi

Ime

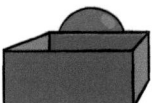

taga
Zadaj

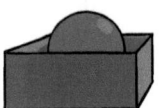

sees
V

ees
Pred

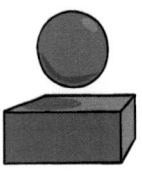

kohal
Nad

peal
Na

all
Pod

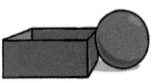

kõrval
Poleg

vahel
Med

koht
Kraj